French
Short Stories

For Kids & Beginners

Foreword

Hello, little explorers and curious minds! Welcome to a world full of wonder, laughter, and learning! In this magical book, you will find a collection of 60 magical mini stories, each one sparkling with imagination and joy!

Each story in this book lives in two worlds: one of English whispers and one of French giggles! On the left side of the book, the stories will sing to you in English, and on the right side, they will dance in French. And the best part? You will find a list of words beneath each French story, where you can learn the meaning of certain words and make new word-friends!

Whether you're just beginning your journey into the land of languages or you're a young adventurer eager to learn more, this book is a treasure trove of fun and knowledge! Explore the playful stories, learn new words, and maybe even find your favorite story!

So, dear children and beginners, are you ready to hop, skip, and jump into a world where words play, laughter echoes, and learning is a colorful adventure? Let's turn the page and dive into the magical world of stories and languages!

Remember, each word is a new friend waiting to play with you, and each story is a new adventure waiting to be discovered! Enjoy every moment, laugh at every funny twist, and learn with every turn of the page!

Happy reading and happy learning!

How to say the French letters

a as in "father": chat (cat)

e in open syllables (ending in a vowel sound) as in "let": le (the)
in closed syllables (ending in a consonant sound) more like "uh": terre (earth)

i as in "machine": fini (finished)

o as in "go": eau (water)

u no exact English sound, but puckered lips like "ee" pronounced deep: rue (street)

eu like "fur" without the "r": peur (fear)

ou as in "shoe": fou (crazy)

oi as in "wa" in "wasp": toi (you)

ai as in "eye": j'ai (I have)

gn as in "canyon": montagne (mountain)

ll usually as in "yoga": fille (girl)

ch as in "shoe": chaussure (shoe)

r guttural sound, produced in the back of the throat, somewhat like "loch" in Scottish

é as in "day" but shorter: café (coffee)

è as in "bet": frère (brother)

ê as in "air": fête (party)

ç as "s": façade (facade)

an/en nasalized, somewhat like "ong" in "song" but ending abruptly: sans (without)

Table of Contents

Story 1: The Lost Puppy

Once upon a time, a little puppy named Max was in a big park. He was happy, but he lost his way. Max was sad.

"Woof! Woof!" Max barked. He wanted to find his home.

Then, Max met a kind duck. "Quack! Follow me," said the duck. They swam in the pond together.

Next, Max saw a big, friendly elephant. "I can help," the elephant trumpeted, and he lifted Max with his trunk to see the whole park.

Max also met a funny monkey. The monkey swung from tree to tree, making Max laugh.

Finally, Max saw his owner, Lily! "Max!" Lily shouted. Max ran to Lily, and his new friends followed. Everyone was happy.

Max learned to never wander off again, and he had many new friends to play with in the park.

Histoire 1: Le Chiot Perdu

Il était une fois, un petit chiot nommé Max était dans un grand parc. Il était content, mais il a perdu son chemin. Max était triste.

"Ouaf! Ouaf!" aboya Max. Il voulait retrouver sa maison.

Puis, Max rencontra un canard gentil. "Coin! Suis-moi," dit le canard. Ils nageaient ensemble dans l'étang.

Ensuite, Max vit un grand éléphant amical. "Je peux aider," trompeta l'éléphant, et il souleva Max avec sa trompe pour voir tout le parc.

Max rencontra aussi un singe amusant. Le singe se balançait d'arbre en arbre, faisant rire Max.

Finalement, Max vit sa propriétaire, Lily! "Max!" cria Lily. Max courut vers Lily, et ses nouveaux amis le suivirent. Tout le monde était heureux.

Max a appris à ne plus jamais s'égarer, et il avait beaucoup de nouveaux amis avec qui jouer dans le parc.

Puppy	Chiot	Owner	Propriétaire
Park	Parc	Friends	Amis
Happy	Content	Elephant	Éléphant
Sad	Triste	Monkey	Singe
Duck	Canard	Pond	Étang

Story 2: The Magical Tree

Tommy was a little boy who loved to explore. One day, he found a big, old tree in the forest. This tree was magical!

"Hello, little boy," said the tree. "I am a wishing tree. What is your wish?"

Tommy thought hard. "I wish for lots of toys!" Tommy said.

"Close your eyes," said the tree. Tommy closed his eyes tight. When he opened them, many colorful toys were around him!

Tommy was so happy. "Thank you, tree!" He played all day with his new toys.

But Tommy remembered his friends. "Can I have more wishes? I want to share with my friends," Tommy asked.

The magical tree smiled. "Yes, sharing is good."

Tommy wished for more toys, and he shared them with all his friends. They played together and had lots of fun.

The magical tree was happy to see the children happy, and Tommy learned that sharing wishes is the best wish of all.

Histoire 2: L'Arbre Magique

Tommy était un petit garçon qui aimait explorer. Un jour, il trouva un grand vieil arbre dans la forêt. Cet arbre était magique!

"Bonjour, petit garçon," dit l'arbre. "Je suis un arbre à souhaits. Quel est ton souhait?"

Tommy réfléchit bien. "Je souhaite avoir beaucoup de jouets!" dit Tommy.

"Ferme tes yeux," dit l'arbre. Tommy ferma les yeux fort. Quand il les ouvrit, beaucoup de jouets colorés étaient autour de lui!

Tommy était tellement content. "Merci, arbre!" Il joua toute la journée avec ses nouveaux jouets.

Mais Tommy se souvint de ses amis. "Puis-je avoir plus de souhaits? Je veux partager avec mes amis," demanda Tommy.

L'arbre magique sourit. "Oui, partager c'est bien."

Tommy souhaita plus de jouets, et il les partagea avec tous ses amis. Ils jouèrent ensemble et s'amusèrent beaucoup.

L'arbre magique était content de voir les enfants heureux, et Tommy apprit que partager les souhaits est le meilleur souhait de tous.

Magical	Magique	Friends	Amis
Tree	Arbre	Children	Enfants
Forest	Forêt	Sharing	Partager
Wishing	À souhaits	Happy	Content
Toys	Jouets	Eyes	Yeux

Story 3: The Friendly Cloud

Billy looked up in the sky. He saw a fluffy cloud. "Hi cloud!" said Billy. The cloud said, "Hello, Billy!"

Every day, the friendly cloud showed Billy different shapes. One day, the cloud was a big bear. Another day, it was a smiling star.

Billy liked the friendly cloud. They played guess the shape every day. Billy laughed and clapped his hands. "You are my best friend," said Billy to the cloud.

The cloud was happy too. "You are my best friend, Billy!" The friendly cloud made shapes and played with Billy every day. They were very happy friends.

Histoire 4: La Grenouille Qui Chante

Freddy la grenouille aimait chanter. Il chantait "Coâ, coâ" chaque jour. Tous ses amis dans la forêt l'écoutaient et apprenaient à faire leur propre musique.

L'oiseau apprit à siffler, le cerf apprit à fredonner, et un petit insecte apprit à bourdonner. Tous les animaux étaient heureux avec leurs nouveaux sons. "Merci, Freddy, de nous avoir aidés à chanter!" dirent-ils.

Freddy était heureux aussi. "Faisons plus de musique ensemble!" Chaque jour, Freddy et ses amis remplissaient la forêt de sons joyeux. Ils chantaient tous et faisaient de la musique ensemble, rendant la forêt un lieu joyeux et bruyant.

Singing	Qui Chante
Frog	Grenouille
Ribbit	Coâ
Every day	Chaque jour
Forest	Forêt
Bird	Oiseau
Whistle	Siffler
Happy	Heureux
Music	Musique
Noisy	Bruyant

Story 5: The Laughing Sunflower

Sunny was a cheerful sunflower with a big, joyful laugh. Every day, his laugh, "Ha, ha, ha," made the whole garden a happy place. His laughter made roses blush, daisies dance, and tulips giggle. It was like magic! Everyone felt happy around Sunny. "Laughter is great! Let's all laugh together!" Sunny would say, and the whole garden would laugh with him, creating beautiful, happy sounds.

People who visited the garden could feel the happiness in the air. They would leave with big, warm smiles. "Sunny, your laughter makes our hearts happy. Thank you," the flowers would say. Sunny would laugh even more, spreading happiness all around the garden every single day. His joyful laughter made the garden the happiest place to be, with smiles and laughter everywhere.

Histoire 5: Le Tournesol Rieur

Sunny était un tournesol joyeux avec un grand rire joyeux. Chaque jour, son rire, "Ha, ha, ha," rendait tout le jardin un endroit heureux. Son rire faisait rougir les roses, danser les marguerites, et glousser les tulipes. C'était comme de la magie! Tout le monde se sentait heureux autour de Sunny. "Le rire c'est super ! Rions tous ensemble !" dirait Sunny, et tout le jardin rirait avec lui, créant de beaux sons joyeux.

Les personnes qui visitaient le jardin pouvaient sentir le bonheur dans l'air. Ils partaient avec de grands sourires chaleureux. "Sunny, ton rire rend nos cœurs heureux. Merci," diraient les fleurs. Sunny rirait encore plus, répandant le bonheur autour du jardin chaque jour. Son rire joyeux rendait le jardin l'endroit le plus heureux à être, avec des sourires et des rires partout.

Laughing	Rieur
Sunflower	Tournesol
Cheerful	Joyeux
Garden	Jardin
Roses	Roses
Dance	Danser
Magic	Magie
Laughter	Rire
Happy	Heureux
Smiles	Sourires

Story 6: The Dancing Shoes

Lisa found some shiny shoes. "Wow! Pretty shoes!" she said. When she put them on, she started to dance. She danced and danced and felt very happy!

The shoes made Lisa dance beautifully. She spun around and jumped high. "This is so much fun!" Lisa said, laughing.

People watched Lisa dance and clapped for her. They were happy to see her dance. Lisa felt happy too. The shiny shoes made everyone smile.

When the day ended, Lisa said, "Thank you, shoes, for the happy dances." The shoes twinkled a little, and Lisa danced all the way back home, feeling joyful.

Histoire 6: Les Chaussures Dansantes

Lisa a trouvé des chaussures brillantes. "Wow ! Belles chaussures !" a-t-elle dit. Quand elle les a mises, elle a commencé à danser. Elle dansait et dansait et se sentait très heureuse !

Les chaussures faisaient danser Lisa magnifiquement. Elle tournait et sautait haut. "C'est tellement amusant !" a dit Lisa, en riant.

Les gens regardaient Lisa danser et applaudissaient pour elle. Ils étaient heureux de la voir danser. Lisa se sentait heureuse aussi. Les chaussures brillantes faisaient sourire tout le monde.

Quand la journée s'est terminée, Lisa a dit, "Merci, chaussures, pour les danses joyeuses." Les chaussures scintillaient un peu, et Lisa dansait tout le chemin du retour à la maison, se sentant joyeuse.

Dancing	Dansantes
Shoes	Chaussures
Shiny	Brillantes
Happy	Heureuse
Spun	Tournait
Fun	Amusant
Laughing	Riant
Clapped	Applaudissaient
Thank you	Merci
Joyful	Joyeuse

Story 7: The Colorful Rainbow

In a gray world, everyone wished for color. One day, a bright rainbow came! It had many colors: red, orange, yellow, green, blue, indigo, and violet. "Wow! So colorful!" said the people.

The rainbow touched everything, making trees, flowers, and houses colorful. Everyone was very happy.

They played under the colorful rainbow all day. "Thank you, rainbow, for bringing colors to our world!" they said. The rainbow smiled and made the world colorful every day. People were glad and the world was a happy place with the rainbow in the sky.

Histoire 7: L'Arc-en-ciel Coloré

Dans un monde gris, tout le monde souhaitait de la couleur. Un jour, un arc-en-ciel brillant est apparu ! Il avait beaucoup de couleurs: rouge, orange, jaune, vert, bleu, indigo, et violet. "Wow ! Quelle couleur !" ont dit les gens.

L'arc-en-ciel touchait tout, rendant les arbres, les fleurs, et les maisons colorés. Tout le monde était très heureux.

Ils jouaient sous l'arc-en-ciel coloré toute la journée. "Merci, arc-en-ciel, d'apporter des couleurs à notre monde !" ont-ils dit. L'arc-en-ciel souriait et rendait le monde coloré chaque jour. Les gens étaient contents et le monde était un lieu heureux avec l'arc-en-ciel dans le ciel.

Colorful	Coloré
Rainbow	Arc-en-ciel
Gray	Gris
Colors	Couleurs
Red	Rouge
Green	Vert
Blue	Bleu
World	Monde
People	Gens
Happy	Heureux

Story 8: The Wishful Fish

Sammy saw a golden fish in a pond. "Hello, fish!" said Sammy. The fish said, "Hello! I am a wishful fish. I can grant you three wishes."

Sammy was surprised. "Really? I wish for a big ice cream!" The fish flicked its tail, and a big ice cream appeared.

"Wow! Now, I wish for a new toy car!" Sammy said. The fish flicked its tail again, and a new toy car appeared.

Sammy thought hard. "For my last wish, I want to make friends." The fish flicked its tail, and many kids came to play with Sammy.

Sammy was very happy. "Thank you, wishful fish!" The fish smiled and swam happily in the pond.

Histoire 8: Le Poisson Plein de Souhaits

Sammy a vu un poisson doré dans un étang. "Bonjour, poisson !" a dit Sammy. Le poisson a dit, "Bonjour ! Je suis un poisson plein de souhaits. Je peux t'accorder trois souhaits."

Sammy était surpris. "Vraiment ? Je souhaite avoir une grande glace !" Le poisson a agité sa queue, et une grande glace est apparue.

"Wow ! Maintenant, je souhaite avoir une nouvelle voiture jouet !" a dit Sammy. Le poisson a de nouveau agité sa queue, et une nouvelle voiture jouet est apparue.

Sammy a réfléchi intensément. "Pour mon dernier souhait, je veux me faire des amis." Le poisson a agité sa queue, et beaucoup d'enfants sont venus jouer avec Sammy.

Sammy était très heureux. "Merci, poisson plein de souhaits !" Le poisson a souri et a nagé joyeusement dans l'étang.

Wishful Plein	de souhaits
Fish	Poisson
Pond	Étang
Hello	Bonjour
Surprised	Surpris
Ice Cream	Glace
Toy Car	Voiture jouet
Friends	Amis
Happy	Heureux
Swam	Nagé

Story 9: The Shy Moon

Molly the Moon was shy. She wanted to be friends with the sparkling stars but was too scared to say "Hi." One night, she gathered her courage and said, "Hello, stars," and the stars twinkled back, "Hello, Molly!" She was so happy.

Every night, Molly would talk and laugh with the stars. They shared many stories and the night sky was filled with their bright lights.

Molly wasn't shy anymore. She and the stars became best friends. They made the night sky beautiful and filled it with light every night, making the world below a happy and magical place.

Histoire 9: La Lune Timide

Molly la Lune était timide. Elle voulait être amie avec les étoiles scintillantes mais avait trop peur pour dire "Salut." Une nuit, elle a rassemblé son courage et a dit, "Bonjour, étoiles," et les étoiles ont scintillé en retour, "Bonjour, Molly!" Elle était tellement heureuse.

Chaque nuit, Molly parlait et riait avec les étoiles. Ils ont partagé beaucoup d'histoires et le ciel nocturne était rempli de leurs lumières brillantes.

Molly n'était plus timide. Elle et les étoiles sont devenues meilleures amies. Ils ont rendu le ciel nocturne beau et l'ont rempli de lumière chaque nuit, rendant le monde ci-dessous un endroit heureux et magique.

Shy	Timide
Moon	Lune
Friends	Amies
Sparkling	Scintillantes
Stars	Étoiles
Night	Nuit
Courage	Courage
Hello	Bonjour
Happy	Heureuse
Beautiful	Beau

Story 10: The Talking Hat

Timmy found a talking hat. When he wore it, the hat said, "Hi! I'm Harry the Hat. I can give good advice." Timmy was surprised but happy, "Wow!"

Harry helped Timmy with homework, taught him to be kind, and to help others. People liked Timmy more. "Thanks, Harry, for helping me make good choices," said Timmy. Harry was happy to help.

Every day, Timmy and Harry did lots of good things together. They made people happy and learned new things. They were a great team, making every day better for everyone.

Histoire 10: Le Chapeau Parleur

Timmy a trouvé un chapeau parlant. Quand il le portait, le chapeau disait, "Salut! Je suis Harry le Chapeau. Je peux donner de bons conseils." Timmy était surpris mais heureux, "Wow!"

Harry a aidé Timmy avec ses devoirs, lui a appris à être gentil, et à aider les autres. Les gens aimaient plus Timmy. "Merci, Harry, de m'aider à faire de bons choix," disait Timmy. Harry était heureux d'aider.

Chaque jour, Timmy et Harry faisaient beaucoup de bonnes choses ensemble. Ils rendaient les gens heureux et apprenaient de nouvelles choses. Ils formaient une excellente équipe, rendant chaque jour meilleur pour tout le monde.

Talking	Parlant
Hat	Chapeau
Advice	Conseils
Surprised	Surpris
Homework	Devoirs
Kind	Gentil
Help	Aider
Choices	Choix
Happy	Heureux
Team	Équipe

Story 11: The Time Traveling Watch

Sally had a very special watch. This watch could take her back in time! When she turned the hands, she could see big dinosaurs, daring pirates, and brave knights. It was like a new adventure every time, learning about different places and times.

Sally made sure to be very careful on her trips. She looked and learned but didn't change anything. She saw many interesting things and learned many fun facts from different times.

"Thank you, special watch, for showing me so many cool things," Sally said one day. The watch seemed happy, ticking away cheerfully. Now, Sally had many exciting stories to tell, and she shared them with all her friends, making every day exciting and full of new learnings.

Histoire 11: La Montre Voyageuse dans le Temps

Sally avait une montre très spéciale. Cette montre pouvait la ramener dans le temps ! Quand elle tournait les aiguilles, elle pouvait voir de grands dinosaures, des pirates audacieux, et des chevaliers courageux. C'était comme une nouvelle aventure à chaque fois, apprenant sur différents lieux et époques.

Sally faisait très attention lors de ses voyages. Elle regardait et apprenait mais ne changeait rien. Elle a vu beaucoup de choses intéressantes et a appris de nombreux faits amusants de différentes époques.

"Merci, montre spéciale, de me montrer tant de choses cool," a dit Sally un jour. La montre semblait heureuse, tic-taquant joyeusement. Maintenant, Sally avait beaucoup d'histoires passionnantes à raconter, et elle les partageait avec tous ses amis, rendant chaque jour excitant et plein de nouvelles connaissances.

Time Traveling	Voyageuse dans le Temps
Watch	Montre
Dinosaurs	Dinosaures
Pirates	Pirates
Knights	Chevaliers
Adventure	Aventure
Places	Lieux
Careful	Prudente
Facts	Faits
Exciting	Excitant

Story 12: The Friendly Dinosaur

You're absolutely right and I apologize for that. Here's a simpler version, within 120 to 150 words, written in basic language suitable for beginners:

Jamie met a big, green dinosaur in his backyard named Dino. "Hello! I'm Dino, and I'm friendly!" Dino said with a big smile.

Jamie was really happy. They played lots of games and laughed together. Dino was big but very kind, and Jamie felt safe with him.

Every day, Jamie and Dino played and became the best of friends. They ran around, played catch, and had lots of fun in the sun.

Jamie learned that even if someone looks different, like Dino, they can be very kind and become very good friends.

"Thank you, Dino, for being my friend," Jamie would say every day. They were very happy together, sharing smiles and lots of fun times. Every day with Dino was a new, happy adventure for Jamie.

Histoire 12: Le Dinosaure Amical

Jamie a rencontré un grand dinosaure vert dans son jardin, qui s'appelait Dino. "Salut ! Je suis Dino, et je suis amical !" a dit Dino avec un grand sourire.

Jamie était vraiment content. Ils ont joué à beaucoup de jeux et ont ri ensemble. Dino était grand mais très gentil, et Jamie se sentait en sécurité avec lui.

Chaque jour, Jamie et Dino jouaient et devenaient les meilleurs amis. Ils couraient, jouaient à la balle, et s'amusaient beaucoup au soleil.

Jamie a appris que même si quelqu'un a l'air différent, comme Dino, il peut être très gentil et devenir un très bon ami.

"Merci, Dino, d'être mon ami," dirait Jamie tous les jours. Ils étaient très heureux ensemble, partageant des sourires et beaucoup de bons moments. Chaque jour avec Dino était une nouvelle aventure heureuse pour Jamie.

Dinosaur	Dinosaure
Backyard	Jardin
Friendly	Amical
Smile	Sourire
Happy	Heureux
Played	Joué
Kind	Gentil
Safe	En sécurité
Best of friends	Meilleurs amis
Adventure	Aventure

Story 13: The Whispering Wind

One day, Sara was playing outside when she heard the wind talking to her! "Hi, Sara," the wind said softly, "I have many stories to tell you about the big, beautiful world."

The wind told Sara about really tall mountains, big, deep oceans, and hot, sandy deserts. Sara listened carefully and learned many new things from the wind's stories.

"Thank you, wind, for telling me so many wonderful stories," Sara said happily. The wind kept talking to Sara every day, telling her more and more amazing things about the world. Sara felt very happy to know so much about our lovely world and all the exciting places in it. Every day, she waited to hear more stories from her friend, the wind.

Histoire 13: Le Vent Murmurant

Un jour, Sara jouait dehors quand elle entendit le vent lui parler !
"Salut, Sara," dit le vent doucement, "j'ai beaucoup d'histoires à te
raconter sur le grand et magnifique monde."

Le vent raconta à Sara à propos de montagnes vraiment hautes,
de grands océans profonds, et de déserts chauds et sablonneux.
Sara écouta attentivement et apprit beaucoup de nouvelles choses
grâce aux histoires du vent.

"Merci, vent, de m'avoir raconté tant d'histoires merveilleuses," dit
Sara joyeusement. Le vent continuait à parler à Sara chaque jour,
lui racontant de plus en plus de choses incroyables sur le monde.
Sara était très heureuse de connaître tant de choses sur notre beau
monde et tous les endroits excitants qu'il renferme. Chaque jour,
elle attendait d'entendre plus d'histoires de son ami, le vent.

Wind	Vent
Stories	Histoires
Mountains	Montagnes
Oceans	Océans
Deserts	Déserts
Day	Jour
Whispering	Murmurant
Beautiful	Magnifique
Wonderful	Merveilleuses
Exciting	Excitants

Story 14: The Laughing Mirror

Lily had a mirror, but it wasn't just any mirror. It was magical! Whenever she looked into it, she would start to laugh, "Hee Hee Hee!" Her laugh was so contagious that soon, everyone around her would start laughing too. It seemed like the mirror had a special power to make everyone happy! "Ha Ha Ha!" they all laughed together.

Lily loved her magical mirror very much. "Thank you, mirror, for bringing so much joy and laughter to me and my friends," she would say. The mirror would shimmer and shine in response, filling the room with even more laughter and happiness every day. Everyone who came to Lily's house loved the magical mirror and the joyful moments it created. Lily felt happy sharing those giggles and smiles with her friends every day.

Histoire 14: Le Miroir Rieur

Lily avait un miroir, mais ce n'était pas n'importe quel miroir. Il était magique ! Chaque fois qu'elle le regardait, elle commençait à rire, "Hi Hi Hi !" Son rire était si contagieux que bientôt, tout le monde autour d'elle commençait à rire aussi. Il semblait que le miroir avait un pouvoir spécial pour rendre tout le monde heureux ! "Ha Ha Ha !" ils riaient tous ensemble.

Lily aimait beaucoup son miroir magique. "Merci, miroir, d'apporter tant de joie et de rires à moi et à mes amis," disait-elle. Le miroir scintillait et brillait en réponse, remplissant la pièce de encore plus de rires et de bonheur chaque jour. Tous ceux qui venaient chez Lily aimaient le miroir magique et les moments joyeux qu'il créait. Lily était heureuse de partager ces gloussements et sourires avec ses amis tous les jours.

Mirror	Miroir
Laugh	Rire
Magical	Magique
Friends	Amis
Joy	Joie
Happy	Heureux/Heureuse
Contagious	Contagieux/Contagieuse
Shimmer	Scintiller
Room	Pièce
Moments	Moments

Story 15: The Jumping Bean

Benny was a little bean but could jump super high! "Boing, boing," went Benny, jumping here and there, seeing big mountains, wide rivers, and tall trees. Benny made many friends on his jumps and had lots of fun adventures.

Every night, under the twinkling stars, Benny would think, "Jumping is so fun! I learn new things every day!" With each sunrise, Benny would jump and explore, finding out new, exciting things about the world around him.

Benny loved learning and seeing new things every day. Jumping made every day exciting and full of fun discoveries. Everyone Benny met on his adventures was a new friend, and every place he explored was a new adventure. He couldn't wait to see what he would find next!

Histoire 15: Le Haricot Sautant

Benny était un petit haricot, mais il pouvait sauter super haut ! « Boing, boing », allait Benny, sautant ici et là, voyant de grandes montagnes, de larges rivières, et de grands arbres. Benny se faisait beaucoup d'amis lors de ses sauts et vivait plein de chouettes aventures.

Chaque nuit, sous les étoiles scintillantes, Benny pensait : « Sauter, c'est tellement amusant ! J'apprends de nouvelles choses tous les jours ! » À chaque lever de soleil, Benny sautait et explorait, découvrant de nouvelles choses excitantes sur le monde autour de lui.

Benny adorait apprendre et voir de nouvelles choses chaque jour. Sauter rendait chaque jour excitant et plein de découvertes amusantes. Chaque personne que Benny rencontrait lors de ses aventures était un nouvel ami, et chaque endroit qu'il explorait était une nouvelle aventure. Il avait hâte de voir ce qu'il découvrirait ensuite !

Bean	Haricot
Jump	Sauter
High	Haut
Mountains	Montagnes
Rivers	Rivières
Trees	Arbres
Friends	Amis
Adventures	Aventures
Stars	Étoiles
Sunrise	Lever de soleil

Story 16: The Helping Hand

Emma was sad; her cat was stuck in a tree. But then, a big, friendly hand came and gently helped the cat down.

This big hand also helped others; it carried heavy bags and reached high shelves for people. Everyone was happy and said, "Thank you!" to the helping hand.

Emma smiled and said, "Thank you, helping hand, for being so kind." The helping hand waved and kept helping others, making everyone's day brighter and full of smiles.

Everyone loved the helping hand. It made their lives easier and happier. Emma was glad to have met such a kind and helpful friend. She watched as it went around, spreading joy and help to everyone in the town.

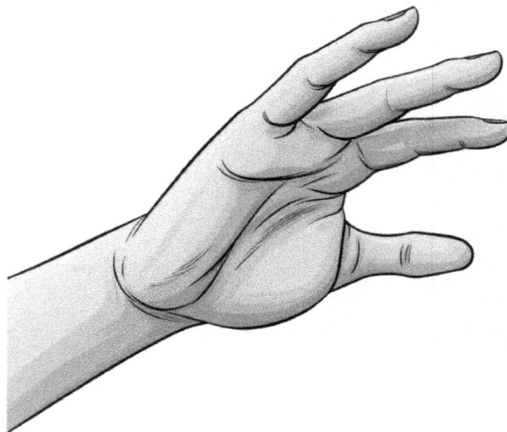

Histoire 16: La Main Aidante

Emma était triste; son chat était coincé dans un arbre. Mais ensuite, une grande main amicale est venue et a doucement aidé le chat à descendre.

Cette grande main aidait également les autres; elle portait des sacs lourds et atteignait les étagères hautes pour les gens. Tout le monde était content et disait: "Merci!" à la main aidante.

Emma a souri et a dit: "Merci, main aidante, d'être si gentille." La main aidante a salué et a continué à aider les autres, rendant la journée de tout le monde plus lumineuse et pleine de sourires.

Tout le monde aimait la main aidante. Elle rendait leur vie plus facile et plus heureuse. Emma était contente d'avoir rencontré un tel ami gentil et serviable. Elle regardait comme il se déplaçait, répandant la joie et l'aide à tout le monde dans la ville.

Hand	Main
Helping	Aidante
Sad	Triste
Cat	Chat
Tree	Arbre
Bags	Sacs
Shelves	Étagères
Kind	Gentille
Smiled	A souri
Town	Ville

Story 17: The Brave Little Toaster

Toby was a small toaster and he was scared of the dark. But one night, all his appliance friends were trapped in a dark place. Toby knew he had to be brave to save them.

So, Toby went into the dark and saved his friends. They were all very happy and proud of Toby for being so brave.

Now, Toby wasn't scared of the dark anymore. "Being brave is good," he said. Toby and his friends were happy and felt safe, even in the dark, and every day was filled with joy and friendship. They played and laughed together, knowing that they could face anything as long as they were together.

Histoire 17: Le Petit Grille-Pain Courageux

Toby était un petit grille-pain et il avait peur du noir. Mais une nuit, tous ses amis appareils étaient piégés dans un endroit sombre. Toby savait qu'il devait être courageux pour les sauver.

Alors, Toby est entré dans le noir et a sauvé ses amis. Ils étaient tous très heureux et fiers de Toby pour son courage.

Maintenant, Toby n'avait plus peur du noir. "Être courageux, c'est bien," il disait. Toby et ses amis étaient heureux et se sentaient en sécurité, même dans le noir, et chaque jour était rempli de joie et d'amitié. Ils jouaient et riaient ensemble, sachant qu'ils pouvaient affronter n'importe quoi tant qu'ils étaient ensemble.

Toaster	Grille-Pain
Brave	Courageux
Dark	Noir
Night	Nuit
Friends	Amis
Appliances	Appareils
Trapped	Piégés
Saved	Sauvé
Proud	Fiers
Together	Ensemble

Story 18: The Magic Pencil

Danny had a very special pencil; it was a magic pencil! Everything he drew would come to life; a drawn ball would start to bounce, and a sketched puppy would wag its tail, happy and alive.

Danny loved his magic pencil. He decided to only draw happy and nice things to make everyone smile. He drew colorful balloons that really floated and sweet candies that turned into real treats for his friends.

Everyone was happy and amazed by Danny's magic drawings. "This pencil is so special!" Danny said with a happy heart. Every day, Danny used his magic pencil to spread joy and make the world a more colorful and happy place for everyone. He felt thankful for the magic in his hands and promised to share it with the world.

Histoire 18: Le Crayon Magique

Danny avait un crayon très spécial; c'était un crayon magique !
Tout ce qu'il dessinait prenait vie; un ballon dessiné commençait à
rebondir, et un chiot esquissé remuait la queue, heureux et vivant.

Danny aimait son crayon magique. Il décida de ne dessiner que
des choses heureuses et gentilles pour faire sourire tout le monde.
Il dessinait des ballons colorés qui flottaient vraiment et des
bonbons sucrés qui se transformaient en vraies gourmandises pour
ses amis.

Tout le monde était heureux et émerveillé par les dessins magiques
de Danny. "Ce crayon est tellement spécial !" disait Danny avec un
cœur joyeux. Chaque jour, Danny utilisait son crayon magique pour
répandre de la joie et rendre le monde plus coloré et heureux pour
tous. Il se sentait reconnaissant pour la magie dans ses mains et
promettait de la partager avec le monde.

Pencil	Crayon
Magic	Magique
Drew	Dessinait
Life	Vie
Bounce	Rebondir
Tail	Queue
Happy	Heureux
Colorful	Coloré
Balloons	Ballons
Candies	Bonbons

Story 19: The Sleepy Owl

Oliver was an owl who liked to sleep at night, under the bright stars. But, owls usually stay awake at night! So, Oliver tried to keep his eyes open when the moon was up.

By staying awake, Oliver saw the shiny stars and heard the leaves talking. He made new friends and learned many things about the night. "The night is full of cool and nice things," Oliver thought, feeling happy.

Oliver learned to like the night, full of fun and pretty things. He saw how beautiful and exciting the world is when it's dark, and he was happy to be a part of it, seeing the magic of the night every day.

Histoire 19: Le Hibou Endormi

Oliver était un hibou qui aimait dormir la nuit, sous les étoiles brillantes. Mais, les hiboux restent habituellement éveillés la nuit ! Alors, Oliver essayait de garder ses yeux ouverts quand la lune était levée.

En restant éveillé, Oliver voyait les étoiles brillantes et entendait les feuilles parler. Il se liait d'amitié et apprenait beaucoup de choses sur la nuit. "La nuit est pleine de choses cool et agréables", pensait Oliver, se sentant heureux.

Oliver apprit à aimer la nuit, pleine de choses amusantes et jolies. Il voyait à quel point le monde est beau et excitant quand il fait sombre, et il était heureux d'en faire partie, voyant la magie de la nuit chaque jour.

Owl	Hibou
Sleep	Dormir
Night	Nuit
Stars	Étoiles
Awake	Éveillé
Moon	Lune
Leaves	Feuilles
Friends	Amis
Happy	Heureux
Dark	Sombre

Story 20: The Happy Sun

Sunny was a joyful sun, and every day she shared her warm, bright rays with the world, making everyone feel happy and warm. When her light touched the people and animals, they all smiled. The flowers opened up, and the birds sang their sweet songs, filling the air with music.

"Thank you, Sunny, for making our world so happy and full of light!" said the joyful people, animals, and blooming flowers. Feeling the happiness from everyone, Sunny shone even more brightly in the sky. Every day, she came up in the sky, spreading her warm, happy light to all the places in the world. Sunny really loved bringing joy and warmth to everyone, making every day beautiful and happy.

Histoire 20: Le Soleil Heureux

Sunny était un soleil joyeux, et chaque jour, elle partageait ses rayons chauds et lumineux avec le monde, faisant se sentir tout le monde heureux et chaud. Quand sa lumière touchait les gens et les animaux, ils souriaient tous. Les fleurs s'ouvraient, et les oiseaux chantaient leurs douces chansons, remplissant l'air de musique.

"Merci, Sunny, de rendre notre monde si heureux et plein de lumière !" disaient les gens joyeux, les animaux, et les fleurs épanouies. Sentant le bonheur de tout le monde, Sunny brillait encore plus fort dans le ciel. Chaque jour, elle apparaissait dans le ciel, répandant sa lumière chaude et joyeuse dans tous les endroits du monde. Sunny aimait vraiment apporter de la joie et de la chaleur à tout le monde, rendant chaque jour beau et heureux.

Sun	Soleil
Joyful	Joyeux
Rays	Rayons
World	Monde
Happy	Heureux
Light	Lumière
Animals	Animaux
Flowers	Fleurs
Sky	Ciel
Music	Musique

Story 21: The Flying Carpet

Cathy had a magic carpet that could fly! She sat on it, and whoosh! It took her high in the sky, over lands and seas. She saw big mountains and the deep blue sea.

Cathy was so happy. "This is so fun!" she said with a big smile. Every day, the flying carpet showed her new, exciting places, high above the clouds. Cathy loved these flying adventures, seeing new things every day.

She felt so lucky to have the magic carpet. It made every day an adventure, showing her the big, beautiful world from the sky. Cathy's heart was full of joy as she flew around, exploring new places and seeing the world in a whole new way.

Histoire 21: Le Tapis Volant

Cathy avait un tapis magique qui pouvait voler ! Elle s'asseyait dessus, et whoosh ! Il l'emmenait haut dans le ciel, par-dessus les terres et les mers. Elle voyait de grandes montagnes et la mer bleue profonde.

Cathy était tellement heureuse. "C'est tellement amusant !" dit-elle avec un grand sourire. Chaque jour, le tapis volant lui montrait de nouveaux endroits excitants, bien au-dessus des nuages. Cathy aimait ces aventures volantes, voyant chaque jour de nouvelles choses.

Elle se sentait si chanceuse d'avoir le tapis magique. Il faisait de chaque jour une aventure, lui montrant le grand et beau monde depuis le ciel. Le cœur de Cathy était plein de joie alors qu'elle volait partout, explorant de nouveaux endroits et voyant le monde d'une toute nouvelle manière.

Carpet	Tapis
Fly	Voler
Sky	Ciel
Lands	Terres
Sea	Mer
Mountains	Montagnes
Happy	Heureuse
Smile	Sourire
Clouds	Nuages
Heart	Cœur

Story 22: The Floating Leaf

Larry was a little leaf. He floated and danced in the wind, going to many different places, both loud and quiet, high and low.

Larry was happy. "The world is so pretty!" he would say softly, seeing all kinds of new things every day. He met new friends and saw new places and colors.

Floating was Larry's favorite thing to do! He learned about new places and listened to the stories of his new friends. Each day was a new adventure for him, learning about the big, colorful world around him.

Larry was full of joy, floating and seeing the beauty of the world. He loved discovering and exploring new sights, and every day was exciting and beautiful for him.

Histoire 22: La Feuille Flottante

Larry était une petite feuille. Il flottait et dansait dans le vent, allant à de nombreux endroits différents, à la fois bruyants et silencieux, hauts et bas.

Larry était heureux. "Le monde est tellement joli !" disait-il doucement, voyant toutes sortes de nouvelles choses chaque jour. Il se faisait de nouveaux amis et découvrait de nouveaux lieux et couleurs.

Flotter était la chose préférée de Larry ! Il apprenait de nouveaux endroits et écoutait les histoires de ses nouveaux amis. Chaque jour était une nouvelle aventure pour lui, apprenant à connaître le grand monde coloré autour de lui.

Larry était plein de joie, flottant et voyant la beauté du monde. Il aimait découvrir et explorer de nouveaux paysages, et chaque jour était excitant et beau pour lui.

Leaf	Feuille
Floated	Flottait
Wind	Vent
Places	Endroits
Loud	Bruyant
Quiet	Silencieux
Happy	Heureux
Pretty	Joli
Friends	Amis
Colors	Couleurs

Story 23: The Generous Bear

Bobby was a big, friendly bear who loved to share! He gave yummy honey to rabbits and tasty berries to birds. Everyone in the forest was happy and liked Bobby a lot!

"Sharing is nice!" smiled Bobby, making all his friends smile too. The forest was a happy place, full of laughter and fun because everyone shared. It was like a big happy family of friends.

Bobby loved seeing his friends happy. He loved helping them and sharing with them every day. The forest was full of joy, friendly animals, and lots of love. Everyone lived happily together, sharing stories and having fun every day.

Histoire 23: L'Ours Généreux

Bobby était un grand ours amical qui aimait partager ! Il offrait du miel délicieux aux lapins et des baies savoureuses aux oiseaux. Tout le monde dans la forêt était heureux et aimait beaucoup Bobby !

"Partager, c'est gentil !" souriait Bobby, faisant sourire tous ses amis aussi. La forêt était un lieu heureux, plein de rires et d'amusement car tout le monde partageait. C'était comme une grande famille heureuse d'amis.

Bobby aimait voir ses amis heureux. Il aimait les aider et partager avec eux tous les jours. La forêt était pleine de joie, d'animaux amicaux, et d'amour. Tout le monde vivait heureux ensemble, partageant des histoires et s'amusant tous les jours.

Bear	Ours
Generous	Généreux
Honey	Miel
Rabbits	Lapins
Berries	Baies
Birds	Oiseaux
Forest	Forêt
Friends	Amis
Happy	Heureux
Shared	Partagé

Story 24: The Ticklish Tomato

Tommy was not a normal tomato; he was ticklish! Whenever anyone touched him, he would giggle, and his laughter was so infectious that anyone who heard it started laughing too.

Every day, kids would come to the garden, give Tommy a little poke, and soon the air would be filled with giggles and chuckles. Tommy loved making everyone laugh. "Hee hee hee! This is fun!" said Tommy every time he was tickled.

The whole garden was happy because of Tommy. His laughter made the sun shine brighter, the flowers bloom bigger, and the air feel fresher. Everyone thanked Tommy, the ticklish tomato, for filling their days with joy and laughter.

Histoire 24: La Tomate Chatouilleuse

Tommy n'était pas une tomate normale ; il était chatouilleux !
Chaque fois que quelqu'un le touchait, il commençait à rire, et son
rire était si contagieux que quiconque l'entendait commençait à
rire aussi.

Chaque jour, les enfants venaient au jardin, chatouillaient un peu
Tommy, et bientôt l'air était rempli de gloussements et de rires.
Tommy aimait faire rire tout le monde. "Hi hi hi ! C'est amusant !"
disait Tommy chaque fois qu'il était chatouillé.

Tout le jardin était heureux grâce à Tommy. Son rire faisait briller le
soleil plus fort, les fleurs s'épanouir plus grandes, et l'air semblait
plus frais. Tout le monde remerciait Tommy, la tomate
chatouilleuse, pour avoir rempli leurs journées de joie et de rires.

Tomato	Tomate
Ticklish	Chatouilleux
Touched	Touché
Giggle	Glousser
Infectious	Contagieux
Garden	Jardin
Air	Air
Laugh	Rire
Bloom	Épanouir
Fresher	Plus frais

Story 25: The Wishing Well

Wendy the Wishing Well lived in a small town and had magic to make wishes come true, but only for kind people.

People came from many places, hoping their wishes would come true. "I wish for happiness," one would say. "I wish for good health," another would whisper.

Wendy loved making people happy and making their wishes real. She made the town a happy place full of smiles and thankful hearts.

Everyone loved Wendy because she made their dreams come true and brought joy to the town. Each wish she granted spread more happiness around, and Wendy's magic filled the town with happy thoughts and lots of love.

Histoire 25: Le Puits à Souhaits

Wendy le Puits à Souhaits vivait dans une petite ville et avait la magie pour réaliser les souhaits, mais seulement pour les personnes gentilles.

Les gens venaient de nombreux endroits, espérant que leurs souhaits se réaliseraient. "Je souhaite du bonheur", dirait l'un. "Je souhaite une bonne santé", murmurerait un autre.

Wendy adorait rendre les gens heureux et rendre leurs souhaits réels. Elle faisait de la ville un lieu heureux plein de sourires et de cœurs reconnaissants.

Tout le monde aimait Wendy parce qu'elle réalisait leurs rêves et apportait de la joie à la ville. Chaque souhait qu'elle accordait répandait plus de bonheur autour, et la magie de Wendy remplissait la ville de pensées heureuses et beaucoup d'amour.

Wishing Well	Puits à Souhaits
Small town	Petite ville
Magic	Magie
Kind	Gentilles
People	Gens
Happiness	Bonheur
Good Health	Bonne santé
Real	Réels
Happy Place	Lieu heureux
Thankful hearts	Cœurs reconnaissants

Story 26: The Cheerful Cherry Tree

Charlie was a happy cherry tree who loved sharing his sweet cherries. "Come try my yummy cherries," he would say to everyone walking by.

Every day, kids would come and eat Charlie's cherries, laughing and saying, "So sweet and yummy!" Their smiles were as sweet as the cherries.

Charlie was happy to see the kids enjoying his cherries. "Sharing is loving," he thought, watching happy faces leave with cherries in their hands. He was like a friend spreading happiness and making sweet memories for everyone, making every day a bit sweeter with his cherries.

Histoire 26: Le Cerisier Joyeux

Charlie était un cerisier joyeux qui aimait partager ses cerises sucrées. "Venez goûter mes cerises délicieuses", disait-il à tous ceux qui passaient.

Chaque jour, les enfants venaient manger les cerises de Charlie, riant et disant, "Tellement sucré et délicieux !" Leurs sourires étaient aussi sucrés que les cerises.

Charlie était content de voir les enfants apprécier ses cerises. "Partager, c'est aimer", pensait-il, regardant les visages heureux partir avec des cerises dans leurs mains. Il était comme un ami qui répandait la joie et créait de doux souvenirs pour tout le monde, rendant chaque jour un peu plus sucré avec ses cerises.

Cheerful	Joyeux
Cherry Tree	Cerisier
Sweet	Sucré
Cherries	Cerises
Try	Goûter
Yummy	Délicieux
Kids	Enfants
Smiles	Sourires
Sharing	Partager
Loving	Aimer

Story 27: The Painting Portal

Peter found a magical painting. When he touched it, it took him to a wonderful land! This land had big, beautiful castles and lots of funny-looking friendly creatures. The sky was full of bright, colorful stars. "This painting is like a door to a whole new exciting world!" Peter exclaimed with joy in his eyes.

Every day, Peter would touch the painting, go to the magical land, make new friends, and go on lots of exciting adventures. He was always careful to come back home in time for bedtime. Peter really loved his special painting and all the amazing places it let him see. It made every day a new, exciting adventure filled with fun and laughter!

Histoire 27: Le Portail Magique

Peter a trouvé un tableau magique. Quand il l'a touché, il l'a emmené dans un monde merveilleux ! Ce monde avait de grands et beaux châteaux et plein de créatures amicales à l'apparence amusante. Le ciel était plein d'étoiles vives et colorées. "Ce tableau est comme une porte vers un tout nouveau monde excitant !" s'exclama Peter avec de la joie dans ses yeux.

Chaque jour, Peter touchait le tableau, allait dans le pays magique, se faisait de nouveaux amis et vivait beaucoup d'aventures passionnantes. Il faisait toujours attention à rentrer chez lui à temps pour l'heure du coucher. Peter aimait vraiment son tableau spécial et tous les endroits incroyables qu'il lui permettait de voir. Il faisait de chaque jour une nouvelle aventure excitante remplie de plaisir et de rires !

Painting	Tableau
Magical	Magique
Wonderful Land	Monde Merveilleux
Castles	Châteaux
Creatures	Créatures
Friendly	Amicales
Stars	Étoiles
Exciting	Excitant
Adventures	Aventures
Bedtime	Heure du Coucher

Story 28: The Talking Teddy

Timmy had a teddy bear, and his name was Teddy. Teddy was special; he could talk! Teddy would give Timmy good advice like, "Go say hi to them." Timmy would listen to Teddy and make many friends by saying hi and being nice.

Timmy felt very happy because he could play and laugh with his new friends all day. Every night, Timmy would hug Teddy and say, "Thank you for helping me make friends." Teddy was very happy to see Timmy so happy and surrounded by friends, sharing laughs and good times together. It was nice to see everyone playing and being friends. Teddy felt warm and happy seeing Timmy so joyful.

Histoire 28: Le Teddy Parleur

Timmy avait un ours en peluche, et il s'appelait Teddy. Teddy était spécial ; il pouvait parler ! Teddy donnait de bons conseils à Timmy, comme : "Va leur dire bonjour." Timmy écoutait Teddy et se faisait beaucoup d'amis en disant bonjour et en étant gentil.

Timmy était très heureux car il pouvait jouer et rire avec ses nouveaux amis toute la journée. Chaque nuit, Timmy prenait Teddy dans ses bras et disait : "Merci de m'avoir aidé à me faire des amis." Teddy était très content de voir Timmy si heureux et entouré d'amis, partageant des rires et de bons moments ensemble. C'était agréable de voir tout le monde jouer et être amis. Teddy se sentait chaleureux et heureux de voir Timmy si joyeux.

Teddy Bear	Ours en Peluche
Special	Spécial
Talk	Parler
Advice	Conseils
Friends	Amis
Happy	Heureux
Play	Jouer
Laugh	Rire
Night	Nuit
Hug	Prendre dans ses Bras

Story 29: The Speedy Snail

Sally was a little snail, but she could move really fast! She had a secret: she could zoom around quickly! When her friends were in trouble, zoom! She was there to help them.

Sally helped ants when it rained and helped lost bees find their way home. Everyone was happy and called her 'Speedy Sally'. They would cheer, "You are our hero!" and Sally would blush.

Every day, she zoomed around, making everyone safe and happy. She liked making her friends smile and felt happy when she could help. Everyone in the garden felt safe and happy with Sally around, and they loved her for her speedy help and her big, caring heart.

Histoire 29: L'Escargot Rapide

Sally était un petit escargot, mais elle pouvait se déplacer vraiment vite ! Elle avait un secret : elle pouvait zoomer rapidement ! Quand ses amis étaient en difficulté, zoom ! Elle était là pour les aider.

Sally aidait les fourmis quand il pleuvait et aidait les abeilles perdues à retrouver leur chemin. Tout le monde était content et l'appelait 'Sally la Rapide'. Ils acclameraient, "Tu es notre héroïne !" et Sally rougirait.

Chaque jour, elle zoomait partout, rendant tout le monde sûr et heureux. Elle aimait faire sourire ses amis et se sentait heureuse quand elle pouvait aider. Tout le monde dans le jardin se sentait en sécurité et heureux avec Sally autour, et ils l'aimaient pour son aide rapide et son grand cœur bienveillant.

Snail	Escargot
Move	Se déplacer
Fast	Vite/Rapide
Secret	Secret
Help	Aider
Ants	Fourmis
Rain	Pluie
Bees	Abeilles
Cheer	Acclamer
Blush	Rougir

Story 30: The Sneezing Flower

Fiona was a small flower but had a big sneeze! "Achoo!" she would sneeze, and her special pollen would fly everywhere. This pollen helped other plants grow big and strong.

Every day, her sneezes made the garden look more colorful and the trees grow taller. "Your sneezes help us grow," the other plants would say softly. Fiona was happy that her sneezes made her friends happy and the garden pretty.

Fiona sneezed happily every day, spreading joy and helping her plant friends reach for the sky. She felt like a little helper, making everything around her lively and full of laughs with her big sneezes. Every sneeze brought more beauty and happiness to her little world, and she loved to see her friends grow and dance in the wind.

Histoire 30: La Fleur Éternuante

Fiona était une petite fleur mais avait un grand éternuement !
"Atchoum !" elle éternuerait, et son pollen spécial volerait partout.
Ce pollen aidait d'autres plantes à grandir fortes et robustes.

Chaque jour, ses éternuements rendaient le jardin plus coloré et les
arbres plus grands. "Tes éternuements nous aident à grandir," les
autres plantes diraient doucement. Fiona était contente que ses
éternuements rendent ses amis heureux et le jardin joli.

Fiona éternuait joyeusement tous les jours, répandant de la joie et
aidant ses amis plantes à atteindre le ciel. Elle se sentait comme
une petite aide, rendant tout autour d'elle vivant et plein de rires
avec ses grands éternuements. Chaque éternuement apportait plus
de beauté et de bonheur à son petit monde, et elle aimait voir ses
amis grandir et danser dans le vent.

Flower	Fleur
Sneeze	Éternuement
Pollen	Pollen
Grow	Grandir
Colorful	Coloré
Trees	Arbres
Softly	Doucement
Happy	Heureux/Heureuse
Pretty	Joli/Jolie
Wind	Vent

Story 31: The Invisible Friend

Emily had a friend, a special unseen friend named Invisi. Only Emily could see and talk to Invisi. They would play games and have long talks every single day.

With Invisi, Emily was never lonely. "With you, I always have a friend," Emily would happily say. Invisi enjoyed being Emily's friend, sharing laughter and many happy moments.

Each day was filled with imagination and joy, with Invisi and Emily exploring wonderful worlds together. They shared lots of giggles and exciting stories. For Emily, every day was special, filled with love and happiness because of her invisible friend, Invisi. Together, they made each day a beautiful journey full of fun and friendship.

Histoire 31: L'Ami Invisible

Emily avait un ami, un ami spécial et invisible nommé Invisi. Seule Emily pouvait voir et parler à Invisi. Ils jouaient à des jeux et avaient de longues conversations chaque jour.

Avec Invisi, Emily n'était jamais seule. "Avec toi, j'ai toujours un ami," dirait joyeusement Emily. Invisi aimait être l'ami d'Emily, partageant des rires et de nombreux moments heureux.

Chaque jour était rempli d'imagination et de joie, avec Invisi et Emily explorant ensemble des mondes merveilleux. Ils partageaient beaucoup de fous rires et d'histoires passionnantes. Pour Emily, chaque jour était spécial, rempli d'amour et de bonheur grâce à son ami invisible, Invisi. Ensemble, ils faisaient de chaque jour un beau voyage plein d'amusement et d'amitié.

Invisible	Invisible
Friend	Ami/Amie
Games	Jeux
Talks	Conversations
Lonely	Seule
Laughter	Rires
Moments	Moments
Imagination	Imagination
Joy	Joie
Journey	Voyage

Story 32: The Giant Strawberry

In a little town, there was a strawberry named Struby. Struby grew so big, as big as a house! It had enough food for everyone in town.

People were surprised and happy. "This big strawberry can feed all of us!" they said with joy. Everyone enjoyed the sweet fruit and had big smiles on their faces.

Struby was happy to see everyone so joyful and full. The big strawberry made the whole town a sweet and happy place, and every day was fun with lots of shared laughter and sweetness. The giant strawberry made everyone happy and brought lots of joy to the town.

Histoire 32: La Fraise Géante

Dans une petite ville, il y avait une fraise nommée Struby. Struby a grandi si grande, aussi grande qu'une maison! Il y avait assez de nourriture pour tout le monde dans la ville.

Les gens étaient surpris et heureux. "Cette grosse fraise peut nous nourrir tous !" disaient-ils avec joie. Tout le monde profitait du fruit sucré et avait de grands sourires sur leurs visages.

Struby était heureuse de voir tout le monde si joyeux et repu. La grosse fraise a rendu toute la ville douce et heureuse, et chaque jour était amusant avec beaucoup de rires et de douceurs partagés. La fraise géante a rendu tout le monde heureux et a apporté beaucoup de joie à la ville.

Giant	Géante
Strawberry	Fraise
Town	Ville
Food	Nourriture
Surprised	Surpris
Sweet	Douce/Sucrée
Joy	Joie
Smiles	Sourires
Happy	Heureux/Heureuse
Laughter	Rires

Story 33: The Helpful Robot

Robby was a small and nice robot who loved to help. He would tie shoes, pick up toys, and carry bags for people in town. Everyone in the town liked him a lot!

People were happy to see Robby. They would say, "Thank you, Robby!" He felt happy when he could help. "Helping is fun!" Robby would think.

Every day, Robby went around town doing nice things for people. He made everyone's day better and happier. His small acts of kindness made everyone in town smile and feel loved. Robby was like a little spark of joy for everyone in the town.

Histoire 33: Le Robot Serviable

Robby était un petit robot gentil qui aimait aider. Il nouait les chaussures, ramassait les jouets, et portait les sacs pour les gens en ville. Tout le monde dans la ville l'aimait beaucoup !

Les gens étaient heureux de voir Robby. Ils disaient, "Merci, Robby !" Il se sentait heureux quand il pouvait aider. "Aider, c'est amusant !" pensait Robby.

Chaque jour, Robby se promenait en ville en faisant de bonnes actions pour les gens. Il rendait la journée de tout le monde meilleure et plus heureuse. Ses petits actes de gentillesse faisaient sourire tout le monde en ville et se sentaient aimés. Robby était comme une petite étincelle de joie pour tout le monde dans la ville.

Robot	Robot
Helpful	Serviable
Shoes	Chaussures
Toys	Jouets
Bags	Sacs
Town	Ville
Happy	Heureux/Heureuse
Thank You	Merci
Kindness	Gentillesse
Joy	Joie

Story 34: The Silly Spider

Sammy was a silly little spider who liked to make funny webs. He made webs that looked like stars, hearts, and happy faces. People who saw them would laugh and laugh.

Sammy loved making funny webs. He thought making his friends laugh was the best thing. His funny webs made the garden a happy place full of laughter.

Every day, Sammy made the garden full of laughs with his funny webs. He made everyone happy. Sammy was like a secret friend who made the garden a fun, happy place with his silly, fun webs.

Histoire 34: L'Araignée Ridicule

Sammy était une petite araignée ridicule qui aimait faire des toiles amusantes. Il créait des toiles qui ressemblaient à des étoiles, des cœurs, et des visages joyeux. Les gens qui les voyaient riaient et riaient.

Sammy adorait faire des toiles drôles. Il pensait que faire rire ses amis était la meilleure chose. Ses toiles amusantes rendaient le jardin heureux et plein de rires.

Chaque jour, Sammy remplissait le jardin de rires avec ses toiles amusantes. Il rendait tout le monde heureux. Sammy était comme un ami secret qui rendait le jardin un endroit amusant et heureux avec ses toiles sillonnantes et amusantes.

Spider	Araignée
Silly	Ridicule
Webs	Toiles
Stars	Étoiles
Hearts	Cœurs
Happy Faces	Visages Joyeux
Laugh	Rire
Garden	Jardin
Secret Friend	Ami Secret
Fun	Amusant

Story 35: The Wise Worm

Wendy was a wise little worm who knew a lot. She liked to tell her friends in the garden what she knew. "Be nice," she would say. "Share your things," she told them.

All the animals in the garden listened to Wendy. They became nicer to each other and were happy. "Thanks, Wendy, for your smart words," they said to her.

Wendy was glad to help. She liked to make the garden a happy place where everyone was friends. Every day, she shared what she knew, and everyone in the garden was happier because of it.

Histoire 35: Le Ver Sage

Wendy était un petit ver sage qui savait beaucoup de choses. Elle aimait dire à ses amis dans le jardin ce qu'elle savait. "Soyez gentils," disait-elle. "Partagez vos affaires," leur disait-elle.

Tous les animaux dans le jardin écoutaient Wendy. Ils devenaient plus gentils les uns envers les autres et étaient heureux. "Merci, Wendy, pour tes mots intelligents," lui disaient-ils.

Wendy était contente d'aider. Elle aimait rendre le jardin heureux où tout le monde était amis. Chaque jour, elle partageait ce qu'elle savait, et tout le monde dans le jardin était plus heureux grâce à elle.

Wise	Sage
Worm	Ver
Garden	Jardin
Friends	Amis
Nice	Gentils
Share	Partager
Things	Affaires
Animals	Animaux
Happy	Heureux
Words	Mots

Story 36: The Cool Cat

Cathy was a cool cat. She knew how to stay cool in the hot summer. She would find shade, drink water, and rest. Cathy saw her friends feeling hot, so she taught them how to stay cool too.

"Come to the shade," Cathy would say. "And drink lots of water." All her friends listened to Cathy and soon, they were all feeling cool and happy even on the hottest days.

Every day, Cathy the Cool Cat helped her friends beat the heat. "Staying cool is cool," Cathy would purr, watching her happy friends enjoy the summer days.

Histoire 36: Le Chat Cool

Cathy était un chat cool. Elle savait comment rester fraîche pendant l'été chaud. Elle cherchait de l'ombre, buvait de l'eau, et se reposait. Cathy voyait ses amis avoir chaud, alors elle leur a appris comment rester frais aussi.

"Venez à l'ombre," dirait Cathy. "Et buvez beaucoup d'eau." Tous ses amis écoutaient Cathy et bientôt, ils se sentaient tous frais et heureux même pendant les jours les plus chauds.

Chaque jour, Cathy le Chat Cool aidait ses amis à combattre la chaleur. "Rester frais, c'est cool," ronronnerait Cathy, regardant ses amis heureux profiter des jours d'été.

Cool	Cool
Cat	Chat
Summer	Été
Shade	Ombre
Water	Eau
Rest	Repos
Friends	Amis
Hot	Chaud
Happy	Heureux
Days	Jours

Story 37: The Dancing Pineapple

Penny was a pineapple who loved to dance. She would twirl, spin, and sway. Penny's dance made all the fruits want to dance too. So, Penny taught them. "Move like this," she would say, swaying to the rhythm.

Soon, the whole fruit bowl was dancing. Apples were hopping, grapes were twirling, and bananas were spinning. "Dancing is fun," the fruits would cheer. Penny was happy to see every fruit dancing and enjoying.

Penny the Dancing Pineapple made the fruit bowl a joyful, dancing place every day with her sweet moves.

Histoire 37: L'Ananas Dansant

Penny était un ananas qui aimait danser. Elle tournait, pivotait, et se balançait. La danse de Penny faisait que tous les fruits voulaient aussi danser. Alors, Penny les enseignait. "Bougez comme ça," dirait-elle, se balançant au rythme.

Bientôt, tout le panier de fruits dansait. Les pommes sautaient, les raisins tournaient, et les bananes faisaient des tours sur elles-mêmes. "Danser, c'est amusant," les fruits acclamaient. Penny était heureuse de voir tous les fruits danser et s'amuser.

Penny l'Ananas Dansant rendait le panier de fruits un endroit joyeux et dansant chaque jour avec ses mouvements doux.

Dancing	Dansant
Pineapple	Ananas
To twirl	Tourner
To spin	Pivoter
To sway	Se balancer
Fruits	Fruits
Apples	Pommes
Grapes	Raisins
Bananas	Bananes
Joyful	Joyeux

Story 38: The Flying Penguin

Perry was a penguin, but he had a big wish: he wanted to fly! One magical day, his wish came true! With a flap, flap, flap, he was flying above lands and seas!

He visited friends who lived very far, saw huge mountains, deep blue seas, and vast sandy lands. "Being in the sky is so fun!" Perry would sing with joy.

Every day, Perry, the flying penguin, would explore new wonderful places, meet new buddies, and tell his penguin friends all about his flying adventures, making every penguin wonder about flying high in the sky.

Histoire 38: Le Pingouin Volant

Perry était un pingouin, mais il avait un grand souhait : il voulait voler ! Un jour magique, son souhait s'est réalisé ! Avec un battement, battement, battement, il volait au-dessus des terres et des mers !

Il rendait visite à des amis qui habitaient très loin, voyait de grandes montagnes, de profondes mers bleues, et d'immenses terres sablonneuses. "Être dans le ciel, c'est tellement amusant !" Perry chantait avec joie.

Chaque jour, Perry, le pingouin volant, explorait de nouveaux endroits merveilleux, rencontrait de nouveaux copains et racontait à ses amis pingouins toutes ses aventures aériennes, faisant rêver chaque pingouin de voler haut dans le ciel.

Flying	Volant
Penguin	Pingouin
Wish	Souhait
To flap	Battre
Lands	Terres
Seas	Mers
Mountains	Montagnes
Blue	Bleu
Sandy	Sablonneux
Sky	Ciel

Story 39: The Lucky Clover

Clover was a very special leaf because it had four parts! People who find such a leaf get lots of luck. A girl named Lily found Clover one day. "Yay! A lucky leaf!" she shouted happily.

Soon, lots of nice things happened to Lily. She found a shiny piece of money, she won a game, and she even saw a colorful rainbow in the sky! "Thanks, Clover," Lily said, smiling big.

Every day, Clover made Lily and her friends feel lucky and happy. All the kids liked Clover very much and were happy for the lucky and fun times Clover gave them.

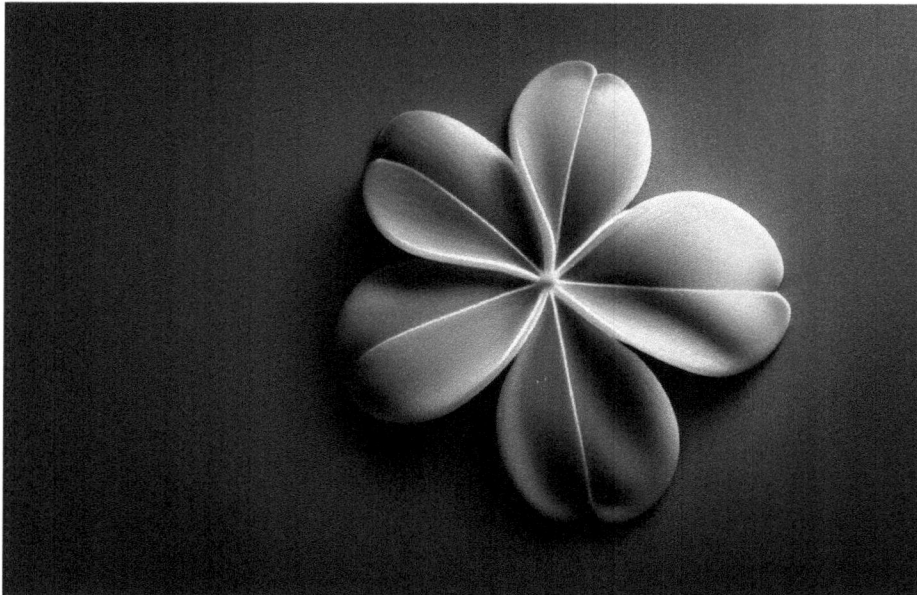

Histoire 39: Le Trèfle Porte-Bonheur

Clover était une feuille très spéciale car elle avait quatre parties !
Les personnes qui trouvent une telle feuille ont beaucoup de
chance. Un jour, une fille nommée Lily a trouvé Clover. "Youpi ! Une
feuille porte-bonheur !" s'écria-t-elle joyeusement.

Bientôt, beaucoup de belles choses sont arrivées à Lily. Elle a
trouvé un morceau d'argent brillant, elle a gagné à un jeu, et elle a
même vu un arc-en-ciel coloré dans le ciel ! "Merci, Clover," dit Lily,
en souriant grandement.

Chaque jour, Clover rendait Lily et ses amis heureux et chanceux.
Tous les enfants aimaient beaucoup Clover et étaient heureux pour
les moments de chance et d'amusement que Clover leur offrait.

Lucky	Porte-Bonheur
Clover	Trèfle
Leaf	Feuille
Parts	Parties
Find	Trouver
Shiny	Brillant
Money	Argent
Game	Jeu
Rainbow	Arc-en-ciel
Sky	Ciel

Story 40: The Musical Mushroom

Marty was a mushroom who could make lovely tunes. When Marty played, his music made everyone in the woods happy and made everything dance. Trees would move, flowers opened up, and all the animals would start dancing to his sweet music.

"All of us love your music, Marty!" said the animals in the woods. Marty was really happy that he could make everyone feel good with his tunes. "Playing for all of you is so much fun!" he said back.

Every single day, Marty's sweet tunes would make the whole woods a happy, dancing place. Marty liked to see his forest friends happy and to fill the woods with lovely music and lots of smiles.

Histoire 40: Le Champignon Musical

Marty était un champignon qui pouvait faire de jolies mélodies. Quand Marty jouait, sa musique rendait tout le monde dans les bois heureux et faisait danser toutes les choses. Les arbres bougeaient, les fleurs s'ouvraient, et tous les animaux commençaient à danser sur sa douce musique.

"Nous aimons tous ta musique, Marty !" disaient les animaux dans les bois. Marty était vraiment heureux qu'il pouvait rendre tout le monde joyeux avec ses mélodies. "Jouer pour vous tous, c'est tellement amusant !" répondait-il.

Chaque jour, les douces mélodies de Marty faisaient des bois un endroit heureux et dansant. Marty aimait voir ses amis de la forêt heureux et remplir les bois de belle musique et de nombreux sourires.

Musical	Musical
Mushroom	Champignon
Tunes	Mélodies
Lovely	Jolies
Woods	Bois
Dancing	Dansant
Trees	Arbres
Flowers	Fleurs
Animals	Animaux
Happy	Heureux

Story 41: The Bouncing Bunny

Bobby was a happy bunny who liked to hop and bounce around. "Hop, hop, hop! This is fun!" he would giggle, his little nose wiggling with joy.

Bobby showed all his friends how to bounce too. Squirrels began to leap, birds started hopping, and frogs were jumping higher! "Bouncing is so much fun!" they all shouted with joy.

Every day, the meadow was filled with laughter and bouncing friends. Bobby and his pals would hop and play, enjoying their bouncing adventures. They made each day cheerful, enjoying their jumpy games and spreading happiness all around in their bouncy little world.

Histoire 41: Le Lapin Bondissant

Bobby était un lapin joyeux qui aimait sauter et bondir partout. "Saute, saute, saute ! C'est amusant !" il gloussait, son petit nez frémissant de joie.

Bobby a montré à tous ses amis comment bondir aussi. Les écureuils ont commencé à sauter, les oiseaux ont commencé à hopper, et les grenouilles sautaient plus haut ! "Bondir, c'est tellement amusant !" ils criaient tous de joie.

Chaque jour, le pré était rempli de rires et d'amis bondissants. Bobby et ses copains sautaient et jouaient, profitant de leurs aventures bondissantes. Ils rendaient chaque jour joyeux, profitant de leurs jeux sautillants et répandant le bonheur tout autour dans leur petit monde bondissant.

Bouncing	Bondissant
Bunny	Lapin
Hop	Sauter
Meadow	Pré
Laughter	Rires
Friends	Amis
Joy	Joie
Play	Jouer
Nose	Nez
Birds	Oiseaux

Story 42: The Starry Night

Stella was a girl who loved stars. Every night, she would sit on the soft grass and look up at the twinkling stars above. The stars would tell her sweet stories. They shared tales about the moon, faraway planets, and galaxies.

"So many wonders in the sky!" thought Stella, her eyes shining like stars. She would listen to the stars' stories every night, feeling amazed.

Every night, Stella and the stars shared magical moments. The stars would twinkle and tell their stories, and Stella would listen, her mind filled with beautiful images and adventures in the vast, wonderful universe. It was a time of joy and wonder for Stella, as the stars painted her dreams with their sparkling tales.

Histoire 42: La Nuit Étoilée

Stella était une fille qui aimait les étoiles. Chaque nuit, elle s'asseyait sur l'herbe douce et regardait les étoiles scintillantes au-dessus. Les étoiles lui racontaient de douces histoires. Elles partageaient des contes sur la lune, des planètes lointaines, et des galaxies.

"Tant de merveilles dans le ciel !" pensait Stella, ses yeux brillaient comme des étoiles. Elle écoutait les histoires des étoiles chaque nuit, se sentant émerveillée.

Chaque nuit, Stella et les étoiles partageaient des moments magiques. Les étoiles scintillaient et racontaient leurs histoires, et Stella écoutait, son esprit rempli d'images magnifiques et d'aventures dans l'univers vaste et merveilleux. C'était un moment de joie et d'émerveillement pour Stella, car les étoiles peignaient ses rêves de leurs contes étincelants.

Starry	Étoilé
Night	Nuit
Grass	Herbe
Twinkling	Scintillantes
Stars	Étoiles
Moon	Lune
Planets	Planètes
Galaxies	Galaxies
Wonders	Merveilles
Sky	Ciel

Story 43: The Snowman's Wish

Sunny was a little snowman with a big wish. He dreamed of seeing the summer sun and feeling its warm rays. One magical day, his dream came true! He felt the warm air and saw trees full of green leaves and flowers in many colors.

"Wow! Summer is so colorful and warm!" cheered Sunny. He was so happy to finally see the bright and cheerful summer days.

Every day, Sunny, the wishing snowman, enjoyed all the beauty of summer, happy and thankful for each warm, sunny moment. He looked at the bright world around him, feeling the warmth of each sunray, and his snowy heart was full of joy, feeling thankful for each beautiful day he got to see.

Histoire 43: Le Souhait du Bonhomme de Neige

Sunny était un petit bonhomme de neige avec un grand souhait. Il rêvait de voir le soleil d'été et de sentir ses rayons chaleureux. Un jour magique, son rêve s'est réalisé ! Il a senti l'air chaud et a vu des arbres pleins de feuilles vertes et des fleurs de nombreuses couleurs.

"Waouh ! L'été est tellement coloré et chaud !" s'est exclamé Sunny. Il était tellement heureux de voir enfin les jours d'été lumineux et joyeux.

Chaque jour, Sunny, le bonhomme de neige souhaitant, profitait de toute la beauté de l'été, heureux et reconnaissant pour chaque moment ensoleillé et chaud. Il regardait le monde lumineux autour de lui, sentant la chaleur de chaque rayon de soleil, et son cœur de neige était plein de joie, se sentant reconnaissant pour chaque beau jour qu'il pouvait voir.

Snowman	Bonhomme de Neige
Wish	Souhait
Summer	Été
Sun	Soleil
Rays	Rayons
Warm	Chaud
Trees	Arbres
Leaves	Feuilles
Flowers	Fleurs
Colors	Couleurs

Story 44: The Juggling Jellyfish

Jelly was a cute jellyfish with a cool trick: she could juggle! She would throw and catch, throw and catch, and all her sea friends would watch and clap. The fish would dance in circles, and the crabs would clap their pincers.

"Juggling makes everyone so happy!" thought Jelly, swirling her long arms. Every time she juggled, the sea was filled with happy sounds and big smiles.

Every day, Jelly, the Juggling Jellyfish, made her sea friends laugh and feel happy. She turned the sea into a fun and joyful home for all the ocean animals, where everyone would gather around to watch her playful tricks, filling their underwater world with laughter and fun.

Histoire 44: La Méduse Jongleuse

Jelly était une méduse mignonne avec un truc cool: elle pouvait jongler! Elle lançait et attrapait, lançait et attrapait, et tous ses amis de la mer regardaient et applaudissaient. Les poissons dansaient en cercles, et les crabes claquaient leurs pinces.

"Jongler rend tout le monde si heureux !" pensait Jelly, faisant tournoyer ses longs bras. Chaque fois qu'elle jonglait, la mer était remplie de sons joyeux et de grands sourires.

Chaque jour, Jelly, la Méduse Jongleuse, faisait rire et rendait heureux ses amis de la mer. Elle transformait la mer en un lieu amusant et joyeux pour tous les animaux océaniques, où tout le monde se rassemblait pour regarder ses tours enjoués, remplissant leur monde sous-marin de rires et d'amusement.

Jellyfish	Méduse
Juggle	Jongler
Sea	Mer
Friends	Amis
Fish	Poissons
Crabs	Crabes
Clap	Applaudir
Smile	Sourire
Arms	Bras
Underwater	Sous-marin

Story 45: The Sleepwalking Sheep

Sheila was a sheep, but not just any sheep—she walked while she slept! Every night, when all her sheep friends were fast asleep, Sheila would go on small adventures. She walked through green fields, jumped over little rivers, and climbed small hills, all while sleeping!

"The world is Sheila's playground when she dreams," her friends would whisper. Every morning, Sheila would open her eyes in a new spot and wonder about the fun she had while she was asleep.

Each night, Sleepy Sheila would wander under the shiny stars, discovering new things and going on silent, sweet adventures in the gentle light of the moon, all without ever waking up!

Histoire 45: La Brebis Somnambule

Sheila était une brebis, mais pas n'importe quelle brebis—elle marchait pendant qu'elle dormait! Chaque nuit, alors que tous ses amis moutons dormaient profondément, Sheila partait pour de petites aventures. Elle traversait des champs verts, sautait par-dessus de petites rivières, et grimpait des petites collines, tout cela en dormant!

"Le monde est l'aire de jeux de Sheila quand elle rêve," murmuraient ses amis. Chaque matin, Sheila ouvrirait les yeux à un nouvel endroit et se demanderait quel plaisir elle avait eu pendant qu'elle dormait.

Chaque nuit, Sheila l'Endormie vagabonderait sous les étoiles brillantes, découvrant de nouvelles choses et vivant de douces et silencieuses aventures à la douce lumière de la lune, sans jamais se réveiller!

Sheep	Brebis
Sleepwalk	Somnambuler
Night	Nuit
Friends	Amis
Fields	Champs
Rivers	Rivières
Hills	Collines
Dream	Rêve
Morning	Matin
Moon	Lune

Story 46: The Climbing Koala

Kenny was a tiny koala with a big wish. He wanted to go up the highest tree to look at the whole wide world. One sunny day, Kenny did it! He went up, up, up until he was at the very top.

"Wow! The world is so huge and pretty!" said Kenny, his eyes wide as he looked at everything from way up high. He could see faraway places, big blue waters, and tall mountains.

Each day, Kenny, the tiny dreamer koala, loved to go up high and watch the lovely, big world, feeling so glad and surprised by all the pretty things he could see from up above. Every climb filled his heart with joy and wonder.

Histoire 46: Le Koala Grimpeur

Kenny était un petit koala avec un grand souhait. Il voulait monter au plus haut arbre pour regarder le vaste monde. Un jour ensoleillé, Kenny l'a fait! Il est monté, monté, monté jusqu'à ce qu'il soit tout en haut.

"Waouh! Le monde est si grand et si beau!" dit Kenny, les yeux écarquillés en regardant tout depuis très haut. Il pouvait voir des endroits lointains, de grandes eaux bleues, et de hautes montagnes.

Chaque jour, Kenny, le petit koala rêveur, aimait monter en haut et regarder le beau, grand monde, se sentant si heureux et étonné par toutes les jolies choses qu'il pouvait voir d'en haut. Chaque ascension remplissait son cœur de joie et d'émerveillement.

Koala	Koala
Climb	Grimper
Tree	Arbre
World	Monde
Sunny Day	Jour Ensoleillé
Top	Sommet
Faraway Places	Endroits Lointains
Waters	Eaux
Mountains	Montagnes
Heart	Cœur

Story 47: The Friendly Firefly

Freddy was a happy firefly. He had a shiny light that would twinkle in the dark sky. His pals, who found it hard to see when it was dark, really liked his shiny light.

"Thanks, Freddy, for making the night shiny," they would tell him. Freddy felt joy in helping his pals see when it was dark and loved to fill the night with his sparkle.

Every dark time, Freddy, the happy light bug, would flutter here and there, sharing his light, aiding his pals, and turning the night into a cheerful, shiny time for all. He would light up the whole place, and his twinkling light made everyone feel safe and happy, turning every night into a joyful adventure.

Histoire 47: La Luciole Amicale

Freddy était une luciole joyeuse. Il avait une lumière brillante qui scintillait dans le ciel sombre. Ses amis, qui trouvaient difficile de voir quand il faisait noir, aimaient vraiment sa lumière brillante.

"Merci, Freddy, de rendre la nuit brillante," lui diraient-ils. Freddy ressentait de la joie à aider ses amis à voir quand il faisait sombre et adorait remplir la nuit de son étincelle.

Chaque nuit sombre, Freddy, le joyeux insecte lumineux, voltigerait ici et là, partageant sa lumière, aidant ses amis, et transformant la nuit en un moment gai et brillant pour tous. Il illuminerait tout l'endroit, et sa lumière scintillante faisait se sentir tout le monde en sécurité et heureux, transformant chaque nuit en une aventure joyeuse.

Firefly	Luciole
Light	Lumière
Shiny	Brillant
Dark Sky	Ciel Sombre
Friends (Pals)	Amis
Night	Nuit
Twinkle	Scintiller
Joy	Joie
Flutter	Voltiger
Adventure	Aventure

Story 48: The Whispering Willow

Willy was a very nice willow tree. When people felt sad, they liked to visit him. Willy would talk to them in a soft, gentle voice. "Everything will be okay," he would say quietly.

People loved to sit under Willy's big branches. They listened to his kind words and started to feel happier. "Thanks, Willy," they would say, smiling again.

Every single day, Willy, the kind tree, spoke sweet, caring words, helping people feel loved and turning their sadness into happiness. He was a friend to everyone, a big, leafy comforter who whispered happiness and peace to all who came to him, making the world a brighter, more loving place with his soft, gentle whispers.

Histoire 48: Le Saule Murmurant

Willy était un très gentil saule. Quand les gens se sentaient tristes, ils aimaient lui rendre visite. Willy leur parlerait d'une voix douce et gentille. "Tout ira bien," dirait-il tranquillement.

Les gens aimaient s'asseoir sous les grandes branches de Willy. Ils écoutaient ses mots gentils et commençaient à se sentir plus heureux. "Merci, Willy," diraient-ils, souriant à nouveau.

Chaque jour, Willy, l'arbre aimable, prononçait des mots doux et affectueux, aidant les gens à se sentir aimés et transformant leur tristesse en bonheur. Il était un ami pour tout le monde, un grand consolateur feuillu qui murmurait le bonheur et la paix à tous ceux qui venaient à lui, rendant le monde plus lumineux et plus aimant avec ses doux et gentils murmures.

Willow	Saule
People	Gens
Sad	Triste
Visit	Visiter
Voice	Voix
Gentle	Doux
Branches	Branches
Kind	Gentil
Happiness	Bonheur
Whisper	Murmurer

Story 49: The Courageous Cupcake

Coco was a tiny, brave cupcake with a big dream: to be the yummiest treat ever! To do this, she had to be very brave. She went through the heat of the oven and the cold of the fridge and got dressed in tasty icing.

"I will be the best!" Coco would cheer. She was always cheerful and sweet, making people happy when they ate her.

Every single day, brave Coco spread sweetness and smiles, making all who saw and tasted her feel joy and delight. She faced every challenge with courage and sweetness, wanting to make the world a happier and more delicious place for everyone. Her sweet spirit and tasty flavor made everyone's day brighter and sweeter!

Histoire 49: Le Cupcake Courageux

Coco était un tout petit cupcake courageux avec un grand rêve: devenir la gourmandise la plus délicieuse qui soit! Pour ce faire, elle devait être très courageuse. Elle a traversé la chaleur du four et le froid du réfrigérateur et s'est habillée de glaçage savoureux.

"Je serai la meilleure!" Coco acclamerait. Elle était toujours joyeuse et douce, rendant les gens heureux quand ils la mangeaient.

Chaque jour, la courageuse Coco répandait de la douceur et des sourires, faisant ressentir de la joie et du plaisir à tous ceux qui la voyaient et la goûtaient. Elle affrontait chaque défi avec courage et douceur, voulant rendre le monde plus heureux et plus délicieux pour tous. Son esprit sucré et sa saveur délicieuse rendaient la journée de tout le monde plus lumineuse et plus sucrée!

Cupcake	Cupcake
Brave	Courageux
Dream	Rêve
Yummy	Délicieux
Oven	Four
Fridge	Réfrigérateur
Icing	Glaçage
Cheerful	Joyeux
Sweet	Doux
Delicious	Savoureux

Story 50: The Smiling Scarecrow

Sammy was a happy scarecrow known for his big, bright smile. Some believed his smile helped plants grow faster! Every day, he stood among the crops, beaming his warm, sunny smile at the corn and wheat.

"I hope you grow big and strong," Sammy would wish, sending his happy smiles to all the plants. Both the farmers and the plants felt the joy from Sammy's smiles and liked him very much.

Each day, smiling Sammy stood among the crops, spreading his joyful smiles, making the plants grow tall and strong. His radiant smiles filled the field with warmth and happiness, making it a cheerful place for everyone and every plant.

Histoire 50: L'Épouvantail Souriant

Sammy était un épouvantail joyeux connu pour son grand sourire éclatant. Certains croyaient que son sourire aidait les plantes à pousser plus rapidement! Chaque jour, il se tenait parmi les cultures, projetant son sourire chaleureux et ensoleillé sur le maïs et le blé.

"J'espère que vous grandirez grands et forts," souhaiterait Sammy, envoyant ses sourires heureux à toutes les plantes. Les agriculteurs et les plantes ressentaient la joie des sourires de Sammy et l'aimaient beaucoup.

Chaque jour, Sammy souriant se tenait parmi les cultures, répandant ses sourires joyeux, faisant pousser les plantes hautes et fortes. Ses sourires rayonnants remplissaient le champ de chaleur et de bonheur, le rendant un lieu joyeux pour tout le monde et chaque plante.

Scarecrow	Épouvantail
Smiling	Souriant
Plants	Plantes
Grow	Grandir
Faster	Plus rapidement
Crops	Cultures
Corn	Maïs
Wheat	Blé
Farmers	Agriculteurs
Sunny	Ensoleillé

Story 51: The Rolling Rock

Rory was a joyful little rock with a love for rolling. One sunny day, he decided to roll down a big hill, meeting many new friends along the way. "Hi there!" he would cheerfully call out to everyone he met.

He rolled alongside bugs, swirled with falling leaves, and had cheerful talks with the chirping birds. "Rolling is so much fun, and I make so many friends!" thought happy Rory. All the creatures on the hill enjoyed the company of Rory, the friendly, rolling rock.

Every day, cheerful Rory would roll, bounce, and spin, bringing smiles and happiness to all the friends he made on the hill. His joyful rolls filled each day with laughter and new friendships, making the hill a lively, happy place for everyone.

Histoire 51: Le Rocher Roulant

Rory était un petit rocher joyeux avec un amour pour rouler. Un jour ensoleillé, il décida de rouler en bas d'une grande colline, rencontrant de nombreux nouveaux amis en cours de route. "Salut!" dirait-il joyeusement à tous ceux qu'il rencontrait.

Il roulait à côté des insectes, tourbillonnait avec les feuilles qui tombaient, et avait des conversations joyeuses avec les oiseaux qui gazouillaient. "Rouler, c'est tellement amusant, et je me fais tellement d'amis!" pensait le joyeux Rory. Toutes les créatures sur la colline appréciaient la compagnie de Rory, le rocher amical et roulant.

Chaque jour, le joyeux Rory roulerait, rebondirait, et tournerait, apportant des sourires et du bonheur à tous les amis qu'il se faisait sur la colline. Ses roulades joyeuses remplissaient chaque jour de rires et de nouvelles amitiés, faisant de la colline un endroit vivant et heureux pour tout le monde.

Rock	Rocher
Rolling	Roulant
Sunny Day	Jour ensoleillé
Hill	Colline
Friends	Amis
Bugs	Insectes
Leaves	Feuilles
Birds	Oiseaux
Chirping	Gazouiller
Laughter	Rires

Story 52: The Balancing Butterfly

Bella was a graceful butterfly. She was very good at balancing on delicate flowers. Bella decided to teach the other insects how to balance too. "Watch me," she would say, spreading her colorful wings.

Soon, the bees were balancing, the ladybugs were landing gently, and the beetles were standing still on the petals. "Balancing is beautiful!" all the insects cheered, fluttering and crawling happily on the flowers.

Every day, Bella the Balancing Butterfly spread grace and balance among her friends, making the garden a place of delicate dance and joyful flutter.

Histoire 52: Le Papillon Équilibrant

Bella était un papillon gracieux. Elle était très douée pour s'équilibrer sur des fleurs délicates. Bella décida d'enseigner aux autres insectes comment s'équilibrer aussi. "Regardez-moi," dirait-elle, déployant ses ailes colorées.

Bientôt, les abeilles étaient en équilibre, les coccinelles atterrissaient doucement, et les scarabées restaient immobiles sur les pétales. "L'équilibre est beau!" tous les insectes acclamaient, voltigeant et rampant joyeusement sur les fleurs.

Chaque jour, Bella le Papillon Équilibrant répandait grâce et équilibre parmi ses amis, faisant du jardin un lieu de danse délicate et de voltige joyeuse.

Butterfly	Papillon
Balancing	Équilibrant
Delicate	Délicat
Flowers	Fleurs
Insects	Insectes
Colorful	Coloré
Wings	Ailes
Bees	Abeilles
Ladybugs	Coccinelles
Petals	Pétales

Story 53: The Jumping Jellybean

Jelly was a bouncy jellybean with a big heart for adventure. She lived in a candy jar but was curious about the world outside it. One sunny day, she hopped out and exclaimed, "So many wonders to explore!"

She leaped on tables, danced on chairs, and skipped on counters, all with a sparkle in her eye. The kitchen was a place of magic and discovery for her. "Bouncing around is so much fun!" she giggled as she explored new spots.

Every day, Jelly, the adventurous jellybean, found exciting new things in the kitchen, each day brimming with joy and new surprises. She turned every moment into a sweet adventure, filling her tiny world with big laughs and joyful leaps, making each day a delightful journey.

Histoire 53: Le Haricot Sauteur

Jelly était un haricot sauteur avec un grand cœur pour l'aventure. Elle vivait dans un bocal de bonbons mais était curieuse du monde extérieur. Un jour ensoleillé, elle a sauté dehors et s'est exclamée, "Tant de merveilles à explorer!"

Elle bondissait sur les tables, dansait sur les chaises et sautillait sur les comptoirs, tout ça avec une étincelle dans les yeux. La cuisine était un lieu de magie et de découverte pour elle. "Sauter partout, c'est tellement amusant!" elle gloussait en explorant de nouveaux endroits.

Chaque jour, Jelly, le haricot aventureux, découvrait de nouvelles choses excitantes dans la cuisine, chaque jour débordant de joie et de nouvelles surprises. Elle transformait chaque moment en une douce aventure, remplissant son petit monde de grands rires et de bonds joyeux, faisant de chaque jour un voyage délicieux.

Jellybean	Haricot
Bouncy	Sauteur
Candy jar	Bocal de bonbons
Curious	Curieuse
Sunny day	Jour ensoleillé
Tables	Tables
Chairs	Chaises
Kitchen	Cuisine
Adventure	Aventure
Discovery	Découverte

Story 54: The Waving Wheat

Wendy was a cheerful piece of wheat who loved to say hello to the farmer every day. With a sway in the wind, she would say, "Good morning!" making the air around her feel friendly and happy.

The farmer would always respond with a smile and a hello. Wendy loved making the farmer smile and loved feeling the warm sunshine.

Each day, Wendy, the Friendly Wheat, made the farmer feel happy and welcomed with her golden hellos and her sunny disposition. She made the entire field feel like a happy, warm, and friendly place where everyone felt welcomed and loved. Every morning was a new chance for Wendy to spread her cheer and warmth to her favorite farmer and to the world around her.

Histoire 54: Le Blé Saluant

Wendy était un brin de blé joyeux qui aimait dire bonjour au fermier tous les jours. Avec un balancement dans le vent, elle disait, "Bonjour !" rendant l'air autour d'elle amical et heureux.

Le fermier répondait toujours avec un sourire et un salut. Wendy aimait faire sourire le fermier et aimait sentir la chaleur du soleil.

Chaque jour, Wendy, le Blé Amical, rendait le fermier heureux et accueillant avec ses salutations dorées et son caractère ensoleillé. Elle rendait tout le champ comme un lieu heureux, chaleureux, et amical où tout le monde se sentait bienvenu et aimé. Chaque matin était une nouvelle chance pour Wendy de répandre sa joie et sa chaleur à son fermier préféré et au monde autour d'elle.

Wheat	Blé
Cheerful	Joyeux
Farmer	Fermier
Sway	Balancement
Wind	Vent
Morning	Matin
Friendly	Amical
Smile	Sourire
Sunshine	Soleil
Field	Champ

Story 55: The Racing Raindrop

Riley was a happy raindrop who loved playing games. He liked to race with his raindrop friends. "On your marks, get set, go!" he would yell, and they all would rush down, hoping to touch the ground first.

Riley and many raindrops would race, twirling and zooming down. "This is so much fun!" Riley would feel as he quickly fell down to the ground.

Every time it rained, Riley, the Playful Raindrop, made the air full of laughter and joy. He changed every rain shower into a happy game, making the rain something fun to look forward to for everyone who watched the little raindrop races from below.

Histoire 55: La Goutte de Pluie qui Court

Riley était une goutte de pluie joyeuse qui adorait jouer à des jeux. Il aimait faire la course avec ses amis gouttes de pluie. "À vos marques, prêts, partez !" il criait, et ils se précipitaient tous, espérant toucher le sol en premier.

Riley et de nombreuses gouttes de pluie faisaient la course, tourbillonnant et dévalant rapidement. "C'est tellement amusant !" se sentait Riley en tombant vite vers le sol.

Chaque fois qu'il pleuvait, Riley, la Goutte de Pluie Ludique, remplissait l'air de rires et de joie. Il transformait chaque averse en un jeu joyeux, faisant de la pluie quelque chose d'amusant à attendre pour tous ceux qui regardaient les petites courses de gouttes de pluie d'en bas.

Raindrop	Goutte de Pluie
Race	Course
Friends	Amis
Ground	Sol
Twirling	Tourbillonnant
Fun	Amusant
Laugh	Rire
Joy	Joie
Air	Air
Shower	Averse

Story 56: The Glowing Ghost

Gary was a kind ghost who could glow. He liked to make dark places bright so his friends weren't scared. "It's okay, I'm here to make it bright!" Gary would say, shining his soft light.

His friends felt safe with Gary's light around. "Thanks, Gary, for making the night less scary," they would say, happy and smiling.

Every night, Gary, the Friendly Glowing Ghost, would shine his light, turning dark, scary places into warm, happy ones. He made sure everyone felt safe in his soft, warm glow, and his light made the night feel like a happy, friendly time for all his friends.

Histoire 56: Le Fantôme Lumineux

Gary était un fantôme gentil qui pouvait briller. Il aimait éclairer les endroits sombres pour que ses amis n'aient pas peur. "C'est bon, je suis là pour éclairer !" Gary dirait, en faisant briller sa douce lumière.

Ses amis se sentaient en sécurité avec la lumière de Gary autour. "Merci, Gary, de rendre la nuit moins effrayante," ils diraient, heureux et souriants.

Chaque nuit, Gary, le Fantôme Lumineux Amical, ferait briller sa lumière, transformant les endroits sombres et effrayants en endroits chaleureux et heureux. Il s'assurait que tout le monde se sentait en sécurité dans sa douce et chaude lueur, et sa lumière rendait la nuit comme un moment heureux et amical pour tous ses amis.

Ghost	Fantôme
Glow	Lueur
Dark	Sombre
Bright	Lumineux
Friends	Amis
Scared	Effrayé
Light	Lumière
Happy	Heureux
Night	Nuit
Safe	En sécurité

Story 57: The Sparkling Star

Once upon a time, there was a sparkling star named Lumina, shining so brightly in the dark sky. Lumina was magical; she could make sad, dark places happy and bright. Lumina found a sad, dark planet. She touched it with her light, whispering sweet words. When she did, hills and rivers and trees started to grow!

The scary shadows went away, and the planet was full of colors and happy things. Lumina felt very happy watching the planet come to life. Her light became a sign of hope in the dark sky, promising to protect the new friends below. The planet called her "The Sparkling Star", a symbol of hope and new beginnings in the wide universe. Lumina continued to twinkle and shine, watching over her happy, colorful planet, spreading joy and light wherever she could.

Histoire 57: L'Étoile Scintillante

Il était une fois, une étoile scintillante nommée Lumina, qui brillait tellement fort dans le ciel sombre. Lumina était magique ; elle pouvait rendre des endroits tristes et sombres heureux et lumineux. Lumina a trouvé une planète triste et sombre. Elle l'a touchée avec sa lumière, murmurant des mots doux. Quand elle l'a fait, des collines et des rivières et des arbres ont commencé à pousser !

Les ombres effrayantes ont disparu, et la planète était pleine de couleurs et de choses heureuses. Lumina se sentait très heureuse en regardant la planète prendre vie. Sa lumière est devenue un signe d'espoir dans le ciel sombre, promettant de protéger les nouveaux amis ci-dessous. La planète l'appelait "L'Étoile Scintillante", un symbole d'espoir et de nouveaux départs dans le vaste univers. Lumina continuait à scintiller et à briller, veillant sur sa planète heureuse et colorée, répandant la joie et la lumière partout où elle pouvait.

Star	Étoile
Sparkling	Scintillante
Sky	Ciel
Dark	Sombre
Bright	Lumineux
Planet	Planète
Light	Lumière
Happy H	eureux
Universe	Univers
Hope	Espoir

Story 58: The Whispering Watermelon

Wally was a whispering watermelon. He loved to whisper funny jokes to make the other fruits laugh. "Why did the grape stop in the middle of the road? Because it ran out of juice!" he would whisper, and all the fruits would burst into giggles.

Wally's whispers made the fruit bowl a happy place. "You make us laugh, Wally," the fruits would say, still chuckling. Wally was glad to make his friends happy with his whispering jokes.

Every day, Wally the Whispering Watermelon filled the fruit bowl with laughter and joy, making all the fruits feel merry and light.

Histoire 58: La Pastèque Chuchotante

Wally était une pastèque chuchotante. Il aimait chuchoter des blagues amusantes pour faire rire les autres fruits. "Pourquoi le raisin s'est-il arrêté au milieu de la route ? Parce qu'il n'avait plus de jus !" chuchotait-il, et tous les fruits éclataient de rire.

Les chuchotements de Wally rendaient le bol de fruits joyeux. "Tu nous fais rire, Wally," disaient les fruits, encore en riant. Wally était content de rendre ses amis heureux avec ses blagues chuchotantes.

Chaque jour, Wally la Pastèque Chuchotante remplissait le bol de fruits de rire et de joie, faisant sentir tous les fruits joyeux et légers.

Watermelon	Pastèque
Whisper	Chuchoter
Joke	Blague
Fruits	Fruits
Laugh	Rire
Happy	Heureux
Juice	Jus
Road	Route
Bowl	Bol
Merry	Joyeux

Story 59: The Merry Mouse

Marty was a happy little mouse who loved telling stories. "Let me tell you a story," he'd say, his eyes shining. He liked to make his friends smile with his fun tales.

All his friends would come and listen. They loved hearing Marty's happy stories. "Your stories make us feel so good!" they would tell him, feeling happy and carefree.

Every day, Marty, the Happy Story Mouse, would tell more cheerful tales. His stories made all his friends smile and feel joy. Marty loved making the world around him a happier, more fun place for everyone, filling it with laughter and good times.

Histoire 59: La Souris Joyeuse

Marty était une petite souris joyeuse qui aimait raconter des histoires. "Laissez-moi vous raconter une histoire," disait-il, ses yeux brillants. Il aimait faire sourire ses amis avec ses contes amusants.

Tous ses amis venaient et écoutaient. Ils aimaient entendre les histoires heureuses de Marty. "Vos histoires nous font nous sentir si bien !" lui disaient-ils, se sentant heureux et insouciants.

Chaque jour, Marty, la Souris Heureuse des Histoires, racontait d'autres contes joyeux. Ses histoires faisaient sourire tous ses amis et ressentir de la joie. Marty aimait rendre le monde autour de lui plus heureux et plus amusant pour tout le monde, le remplissant de rires et de bons moments.

Mouse	Souris
Story	Histoire
Happy	Heureux
Smile	Sourire
Tale	Conte
Friend	Ami
Joy	Joie
Carefree	Insouciant
Laughter	Rire
Good times	Bons moments

Story 60: The Sneaky Shadow

Shelby was a fun shadow who liked to play games. She played hide and seek with her friend, a little boy. "Try and find me!" she'd say quietly, hiding behind things.

The boy would run and laugh, trying to catch his tricky shadow. When he found her, he'd say, "I caught you!" Shelby would laugh and wait to play again.

Shelby, the Fun Shadow, and the boy spent every day playing and sharing laughs. She made every moment full of fun and smiles. Together, they had lots of happy, playful times, making each day a wonderful adventure full of joy and laughter.

Histoire 60: L'Ombre Rusée

Shelby était une ombre amusante qui aimait jouer à des jeux. Elle jouait à cache-cache avec son ami, un petit garçon. "Essaie de me trouver !" disait-elle doucement, se cachant derrière des choses.

Le garçon courait et riait, essayant d'attraper son ombre astucieuse. Quand il la trouvait, il disait, "Je t'ai attrapée !" Shelby riait et attendait de jouer à nouveau.

Shelby, l'Ombre Amusante, et le garçon passaient chaque jour à jouer et à partager des rires. Elle rendait chaque moment plein de plaisir et de sourires. Ensemble, ils vivaient beaucoup de moments heureux et ludiques, faisant de chaque jour une merveilleuse aventure pleine de joie et de rires.

Shadow	Ombre
Fun	Amusant
Games	Jeux
Hide and Seek	Cache-cache
Friend	Ami
Boy	Garçon
Laugh	Rire
Find	Trouver
Play	Jouer
Adventure	Aventure

Help Us Share Your Thoughts!

Dear Reader,

Thank you for choosing to read our book. We hope you enjoyed the journey through its pages and that it left a positive impact on your life. As an independent author, reviews from readers like you are incredibly valuable in helping us reach a wider audience and improve our craft.

If you enjoyed our book, we kindly ask for a moment of your time to leave an honest review. Your feedback can make a world of difference by providing potential readers with insight into the book's content and your personal experience.

Your review doesn't have to be lengthy or complicated—just a few lines expressing your genuine thoughts would be immensely appreciated. We value your feedback and take it to heart, using it to shape our future work and create more content that resonates with readers like you.

By leaving a review, you are not only supporting us as authors but also helping other readers discover this book. Your voice matters, and your words have the power to inspire others to embark on this literary journey.

We genuinely appreciate your time and willingness to share your thoughts. Thank you for being an essential part of our author journey.

9 783758 411229